LECTURES CLE EN

CW01659150

Les confidences d'Arsène Lupin

MAURICE LEBLANC

Adapté en français facile
par Nicolas Gerrier

CLE INTERNATIONAL

Crédits photographiques :
Couverture : Cristina Conti / Adobe Stock.com
Page 3 : Costa / Leemage

Direction éditoriale : Béatrice Rego
Édition : Sylvie Hano
Couverture : Fernando San Martin
Mise en pages : Isabelle Vacher
Illustrations : Conrado Giusti
Enregistrement : Vincent Bund

© CLE International, 2019
ISBN : 978-2-09-031148-8

N° de projet : 10291649 - Dépôt légal : août 2019
Imprimé en France en mars 2023 par la Nouvelle Imprimerie Laballery - N° 302665

Maurice Leblanc est né en 1864 à Rouen, en Normandie. Dès sa jeunesse, il admire les grands écrivains français comme Maupassant et Flaubert. Il rêve d'écrire lui aussi. À vingt-quatre ans, il s'installe à Paris et devient journaliste. Entre 1893 et 1905, il publie des romans, des contes, des recueils de nouvelles et des pièces de théâtre, mais il n'a pas beaucoup de lecteurs. En 1905, il écrit *L'arrestation d'Arsène Lupin* pour le magazine *Je sais tout*. C'est un succès et son personnage, Arsène Lupin, devient très populaire. Pendant près de trente-cinq ans, Maurice Leblanc raconte les aventures d'Arsène Lupin dans 17 romans (dont le célèbre *L'Aiguille creuse*[1] en 1909), 39 nouvelles et 5 pièces de théâtre. À partir de 1930, sa santé devient fragile. Il n'a pas la force de terminer les deux dernières aventures d'Arsène Lupin, *Les Milliards d'Arsène Lupin* et *Le dernier amour d'Arsène Lupin*. Il meurt en 1941 à Perpignan. Son personnage continue aujourd'hui de passionner les lecteurs.

Les aventures d'Arsène Lupin sont traduites dans un grand nombre de langues. Il en existe de nombreuses adaptations au cinéma, à la télévision, ainsi que dans des jeux de société et des jeux vidéo. La maison de Maurice Leblanc à Étretat en Normandie, Le Clos Lupin, est aujourd'hui un musée.

---

1. Adapté dans la collection Lectures CLE en français facile.

Les confidences d'Arsène Lupin est un recueil de nouvelles paru en 1911. Maurice Leblanc y raconte les confidences que lui fait son personnage, Arsène Lupin.
Arsène Lupin est un *gentleman-cambrioleur*, c'est-à-dire un voleur qui met de l'élégance dans ses activités. Il est populaire, car il s'attaque aux personnes riches qui ont fait fortune avec malhonnêteté. Pour tromper ses victimes, il se déguise et change sans cesse d'identité. C'est un voleur au grand cœur qui s'attaque aussi aux mystères les plus compliqués. Dans les neufs nouvelles qui constituent *Les Confidences*, Lupin vole, résout des énigmes grâce à son intelligence, se joue de l'inspecteur Ganimard, use de son charme pour séduire ses victimes, est presque fait prisonnier par la police, frôle la mort et se marie !

Les mots ou expressions suivis d'un astérisque* dans le texte sont expliqués dans le Vocabulaire, page 61.

1 LES JEUX DU SOLEIL

Je suis dans mon cabinet de travail avec Arsène Lupin. Tout d'un coup, Lupin me dit :

– Prenez un crayon et notez : 19 - 21 - 18 - 20 - 15 - 21 - 20...

Il s'arrête puis reprend :

– 9 - 12 - 6 - 1...

Est-il fou ? Que regarde-t-il dehors ? De ma fenêtre, je vois le ciel et un immeuble. Enfin, je comprends : il compte les reflets d'un rayon de soleil sur la maison d'en face. Un enfant doit s'amuser avec un miroir. Lupin se penche par la fenêtre pour suivre le trajet de la lumière. Lorsque la lumière disparaît, il me dit :

– Remplacez chaque chiffre par la lettre de l'alphabet qui lui correspond : A pour 1, B pour 2...

J'obtiens une phrase avec des fautes d'orthographe :

« Surtout il faut fuire le danger, éviter les ataques, n'affronter les forces enemies qu'avec la plus grande prudance, et... »[1]

Elle ne veut rien dire. Lupin se lève. Je remarque deux rides[2] en forme de croix sur son front : il réfléchit ! Après douze minutes, il me demande de prévenir le baron Repstein de sa visite. Je veux l'appeler au téléphone, mais Lupin m'arrête. Il attrape sa canne et son chapeau et m'entraîne dans la rue. Il me dit :

– La femme du baron Repstein s'est enfuie il y a quinze

---

1. Cette phrase contient des fautes d'orthographe qui font partie de l'histoire ; l'explication est à la page 9.
2. Une ride : petit trait ou pli sur la peau.

jours. Elle a emporté trois millions de francs volés à son mari et des bijoux prêtés par la princesse de Berny. La police suit sa trace* en Europe. Avant-hier, le policier Ganimard a arrêté une femme, mais c'était la comédienne Nelly Darbel. Le baron offre une prime de cent mille francs pour retrouver sa femme. Et il vient de vendre ses chevaux de course, son hôtel du boulevard Haussmann et son château de Roquencourt pour rembourser les bijoux.

Mais quel est le rapport entre cette histoire et la phrase ?

Lupin s'arrête devant un immeuble. D'après lui, les signaux viennent de la fenêtre ouverte au troisième étage. La gardienne de l'immeuble nous apprend que monsieur Lavernoux, le secrétaire du baron Repstein, habite ici. Mais l'homme est malade. Il ne quitte pas son lit depuis la fuite de la baronne. Son médecin, un vieil homme à la barbe grise et avec des lunettes, était justement là il y a vingt minutes. Il a interdit à monsieur Lavernoux de quitter la chambre. Il a fermé la porte à clé et il a emporté la clé. Personne n'a le droit d'entrer.

– Allons-y, dit Lupin. C'est bien au troisième étage ?

La gardienne proteste. Mais Lupin ouvre la serrure avec un instrument. Un homme à moitié nu, maigre, au visage blanc, avec de la peur dans les yeux, est étendu sur un tapis. Il est mort. Un petit miroir de poche est posé à côté de lui. Deux gouttes de sang sortent d'une blessure presque invisible sur sa poitrine.

– Monsieur Lavernoux a un ami dans cette rue, dit Lupin. Quels sont son nom et son adresse ?

– Monsieur Dulâtre, au 92 de la rue, répond la gardienne.

Là-bas, un marchand de vin nous apprend que monsieur Dulâtre est parti de chez lui il y a une demi-heure. Il est allé voir la police.

Nous marchons jusqu'aux boulevards et entrons dans un cabinet de lecture[3]. Lupin lit longuement les journaux des quinze derniers jours. Il parle ensuite tout seul ; il semble satisfait.

Le soir, Lupin me dit :

– Je vais chez le baron. Je peux être arrêté ou bien mourir. Mais je peux aussi gagner deux millions de francs !

* * *

Le lendemain, Lupin me raconte sa visite. Il me décrit le baron. C'est un homme très grand. Il a les épaules larges et n'a pas de barbe. Il est aimable, mais ses yeux sont tristes. Il est habillé avec élégance. Il porte une perle de grande valeur à sa cravate. Il a reçu Lupin dans son cabinet de travail, une grande pièce avec trois fenêtres, un bureau et un coffre-fort. Lupin me rapporte ensuite leur discussion :

– Votre secrétaire est mort. C'est son docteur qui l'a tué alors qu'il transmettait à son ami, monsieur Dulâtre, des informations sur la disparition de la baronne. Ce dernier a aussitôt prévenu la police. Douze policiers entourent maintenant votre hôtel. Ils entreront au lever du soleil et arrêteront* le meurtrier* de votre femme.

– La baronne assassinée ? Vous êtes fou ! La police suit sa trace dans toute l'Europe.

– Non ! La police suit la complice* de l'assassin* ! Et son assassin joue au docteur. Il a enfermé monsieur Lavernoux dans sa chambre, car Lavernoux le connaît.

– Mais qui c'est ?

– C'est vous, déguisé en médecin, avec une barbe et des

---

3. Un cabinet de lecture : lieu où le public pouvait lire les journaux et les magazines.

lunettes et courbé comme un petit vieux. Et si ce n'est pas vous, cette affaire est inexplicable !

Le baron prend un air sérieux. Il sort un revolver de son bureau et le met dans sa poche. Il rejette avec calme l'accusation de Lupin. « Est-ce que je me suis trompé ? », se demande Lupin. Mais il aperçoit l'épingle de la cravate du baron : sa lame est fine et en forme de triangle. C'est elle qui a servi à tuer monsieur Lavernoux !

– Je sais tout, dit Lupin. La police suit votre maîtresse, Nelly Darbel. Pendant ce temps, vous préparez votre fuite pour cette nuit. Votre valise est prête derrière les rideaux. Mais les policiers sont là : tu es perdu. Donne-moi une part des bijoux et de l'argent, et je te sauve !

Le baron sort son revolver et tire deux fois. Lupin se jette sur le côté. Il saisit le baron aux jambes et le fait tomber. Le baron veut le piquer avec son épingle. Mais Lupin l'attrape à la gorge. Il l'attache et lui donne un coup de poing dans le ventre. Le baron s'évanouit[4].

– Maintenant, je prends tout, mon ami ! L'argent est sans doute dans le coffre-fort ?

Lupin prend des clés dans la poche du baron. Soudain, il entend les policiers au premier étage. Il reste calme : il sait ouvrir un coffre en vingt secondes. Mais quel est le code ? Il pense à Lavernoux, bien sûr ! Il bouge les quatre boutons, essaye trois clés et... le coffre s'ouvre ! Lupin recule ! Le corps de la baronne est dans le coffre ! Lupin crache sur le baron et lui donne des coups de pied.

Lupin doit partir vite. Il passe dans la pièce d'à côté, enjambe le balcon, descend le long d'une gouttière et se retrouve dans un jardin donnant sur la rue.

---

4. S'évanouir : perdre connaissance, se sentir mal.

Lupin termine son histoire. Il m'apprend que les bijoux et l'argent sont encore dans le coffre. L'odeur était horrible, ils les a laissés là. Mais il a pris la perle de l'épingle de cravate. Elle vaut cinquante mille francs !

– Et le code du coffre-fort ?

– Facile ! Tout commence avec les fautes d'orthographe du message de Lavernoux : le *e* de *fuire*, le *t* et le *n* de *ataque* et *enemie*, le *a* de *prudance* : ETNA, le nom du cheval du baron ! Dès le début, ce mot m'a lancé sur l'affaire Reptstein !

Arsène Lupin a ce qu'il faut pour découvrir les crimes : de l'intuition et de l'intelligence !

L'ANNEAU NUPTIAL[5]

YVONNE D'ORIGNY embrasse son fils et le confie à sa gouvernante[6]. Pour une fois, il va chez sa grand-mère d'Origny. Yvonne les regarde par la fenêtre s'éloigner dans la rue. Soudain, elle voit Bernard, le domestique[7] de son mari, descendre d'une voiture. En moins de dix secondes, il attrape le petit garçon par le bras, le fait monter avec la gouvernante dans la voiture et donne un ordre au chauffeur. La voiture démarre.

Yvonne est bouleversée. Elle veut sortir, mais la porte de sa chambre est fermée à clé. C'est un coup de son mari, le comte d'Origny, cet homme qui ne sourit jamais ! Il a enlevé son enfant. C'est horrible !

Yvonne donne des coups de pied dans la porte. Son mari l'ouvre alors violemment. Yvonne se met à trembler. Son marie l'attrape par la gorge et dit :

– Tais-toi !

Puis, il l'attache avec des bandes de toiles et l'installe sur un lit. Il rejoint ensuite Bernard à l'entrée de la chambre. Yvonne entend leur conversation.

– Le bijoutier peut venir quand vous voulez, dit le domestique.

– La chose se passera demain à midi, répond le comte. Ma mère ne peut pas venir avant.

Le comte referme la porte de la chambre à clé derrière lui. Yvonne se souvient des menaces de divorce du comte d'Origny. Il prépare un mauvais coup, c'est sûr. Elle est désespérée,

5. Un anneau nuptial : une bague de mariage.
6. Une gouvernante : une femme qui garde un enfant.
7. Un(e) domestique : une personne au service d'une autre.

personne ne peut l'aider. Bernard et la gouvernante obéissent au comte et les autres domestiques sont en congé jusqu'à demain soir.

– Mon fils ! crie-t-elle.

Elle fait un grand effort pour se libérer. Mais seule sa main droite peut bouger. Lentement, elle défait ses liens. À huit heures du soir, elle est enfin libre !

Elle veut crier par la fenêtre, mais n'ose pas par peur du scandale. Elle réfléchit et feuillette quelques livres dans sa bibliothèque. Dans le cinquième, elle trouve la carte de visite d'Horace Velmont. Il y a quelques années, cet homme lui a dit une phrase surprenante : « En cas de danger, mettez cette carte à la poste et je viendrai. »

Elle met la carte dans une enveloppe, écrit l'adresse et lance l'enveloppe par la fenêtre. Cela lui semble absurde. Désespérée, elle se laisse tomber dans un fauteuil. Dans un demi-sommeil, elle entend l'horloge sonner les heures : minuit... une heure... Ses idées sont confuses, elle pense à son fils, elle l'imagine en train de pleurer et de crier. Soudain, la porte de sa chambre s'ouvre. Yvonne n'en croit pas ses yeux : c'est Horace Velmont ! Il s'excuse d'arriver si tard, puis dit :

– L'hôtel est vide. J'ai appelé votre mari pour lui dire que sa mère est malade. Il ne reviendra que dans trois quarts d'heure.

– Partons ! Je veux retrouver mon fils.

Mais Velmont lui demande d'une voix calme de lui faire confiance. Il va la sauver et la conduire à son fils. Avant, elle doit l'écouter et lui obéir.

– Le comte enlève votre fils, car il veut divorcer[8] et épouser une autre femme. Cette femme n'a pas d'argent. Votre mari

8. Divorcer : se séparer.

non plus. Il veut garder votre fils pour l'argent que votre fils a reçu de vos oncles.

– Mais je ne veux pas divorcer, dit Yvonne. Et les sentiments religieux de sa mère sont contraires au divorce. Elle ne l'accepterait que si j'étais une épouse indigne.

Velmont cherche pourquoi le comte agit ainsi aujourd'hui.

– Votre mari a dit quelque chose de spécial ? demande-t-il.

– Il a parlé d'un bijoutier et d'une chose qui aura lieu aujourd'hui à midi, quand la comtesse d'Origny sera là. Mon seul bijou est cet anneau.

Yvonne rougit. Velmont insiste pour tout savoir.

– J'ai perdu l'anneau de mon mariage. J'ai fait faire celui-ci et... il y a le nom d'un homme que j'ai aimé à l'intérieur. Je n'ai pas trahi mon mari. Je porte l'anneau comme le souvenir d'un amour impossible. Il me protège.

– Votre mari est sans doute au courant. À midi, il va vous obliger à enlever votre bague devant sa mère. Donnez-moi cette bague. Je vous apporterai avant midi une autre bague avec la date de votre mariage. Cela vous sauvera.

Yvonne ne réussit pas à enlever l'anneau. Elle se souvient alors :

– Une nuit, mon mari m'a droguée[9]. Il a essayé d'enlever ma bague. Il sait que je ne peux pas la retirer. Je comprends maintenant : le bijoutier va la couper devant sa mère ! Je suis perdue !

Yvonne se met à pleurer. Soudain, la pendule sonne trois heures. Yvonne se lève d'un bond. Elle a peur : son mari va bientôt revenir. Elle doit partir. Mais Velmont lui prend les mains et l'attache à nouveau sur le lit.

– Ne craignez rien, je veille sur vous.

---

9. Droguer quelqu'un : donner des médicaments à une personne contre sa volonté pour l'endormir.

À trois heures et demie, le comte d'Origny entre dans la chambre. Il est furieux. Il vérifie les liens et examine la bague. Yvonne s'évanouit. Quand elle se réveille, il fait jour. Le comte lui annonce que sa mère est là. Il veut régler l'affaire au plus vite. Yvonne regarde l'horloge : il est dix heures trente-cinq. C'est épouvantable. Horace Velmont ne peut plus la sauver !

Le comte va chercher sa mère, puis dit :

– Il y a trois mois, le tapissier a trouvé l'anneau de mariage que j'ai donné à ma femme. Le voici : la date du 23 octobre est gravée à l'intérieur. Ma femme porte un anneau qu'elle a fait faire elle-même. Bernard a retrouvé le bijoutier. Il est

ici. Il peut témoigner que le nom d'un homme se trouve à l'intérieur. Madame, donnez-moi votre anneau.

– Je ne peux pas l'enlever, répond Yvonne.

– Acceptez-vous que je le coupe ?

Elle accepte d'une voix faible. C'est fini, Horace Velmont n'a pas pu la sauver. À cet instant, elle veut mourir.

Le bijoutier entre alors dans la chambre. Il coupe l'anneau et le tend au comte. Le comte regarde l'inscription. Il est stupéfait, l'anneau porte la date de son mariage : 23 octobre !

* * *

Arsène Lupin termine son histoire sur cette date. Je lui demande plus d'explications.

– Bien sûr, j'ai pris la place du bijoutier, m'explique-t-il. J'ai coupé la bague avec le nom et j'ai présenté une autre bague avec la date. Un simple tour de passe-passe[10] ! Le mari ne peut pas divorcer, la comtesse est sauvée et elle a retrouvé son enfant.

– Vous avez peut-être couvert un amour véritable, dis-je. Êtes-vous sûr de la comtesse ?

Lupin me tend alors la bague coupée. Je lis le nom à l'intérieur : *Horace Velmont* ! À ce moment-là, une femme très belle passe avec un jeune homme à son bras. Ce sont Yvonne et son fils. Elle fait un signe à Lupin.

– Elle sait que Velmont et Lupin sont une seule personne, me dit-il. Mais, pour elle, je ne suis pas le cambrioleur*. *Je suis l'homme qui lui a rendu son fils.*

---

10. Un tour de passe-passe : une astuce.

ARSÈNE LUPIN ARRIVE CHEZ MOI dans des habits de militaire à la retraite. Je l'ai fait venir pour lui montrer un tableau étrange. Il représente une vieille cour avec un cadran solaire, un puit et un banc de pierre.

– La date est en bas à gauche, dis-je. Le 15-4-2 : le 15 avril 1802.

J'installe ensuite une longue-vue et la dirige vers une fenêtre ouverte en face de mon appartement. Je demande à Lupin de regarder :

– Le même tableau avec la même date ! s'étonne-t-il. Qui habite dans cette chambre ?

– C'est une couturière appelée Louise d'Ernemont. C'est l'arrière-petite-fille d'un fermier général[11] guillotiné sous la Terreur[12]. Elle vit avec sa fille dans deux pièces qu'elle ne quitte jamais. Sauf le 15 avril de chaque année, comme aujourd'hui.

Une petite fille de huit ans apparaît alors à la fenêtre. Derrière elle se trouve une grande et jolie femme. Elle est habillée simplement, mais avec élégance. Toutes les deux quittent la chambre.

– Venez ! dit Lupin.

Nous sortons dans la rue et nous les suivons. La fille porte un panier avec des provisions. Elles prennent les boulevards extérieurs et arrivent à Passy. Ensuite, elles s'engagent dans une ruelle de la rue Raynouard qui

11. Un fermier général : la personne qui récolte les impôts pour le roi.
12. Guillotiné sous la Terreur : on lui a coupé la tête (guillotiné) pendant la Révolution française, à l'époque de la Terreur (1793-1794), une période de violence contre les royalistes.

descend vers la Seine. Elles s'arrêtent devant une porte basse entourée d'un mur très haut. Louise d'Ernemont l'ouvre avec une énorme clé.

À ce moment-là, un homme et une femme arrivent derrière nous. Ils sont habillés de guenilles[13]. L'homme sort la même clé et ouvre la porte. Puis, une voiture s'arrête à son tour devant la porte. Une femme en descend. Elle est élégante, porte des bijoux et a un petit chien sous le bras. Elle disparaît derrière la porte.

– Quel est le lien entre ces différentes personnes ? se demande Lupin. Cela devient amusant.

Deux sœurs âgées et maigres, un valet de chambre, un militaire, un gros monsieur et une famille d'ouvriers franchissent à leur tour la porte. Ils ont tous des paniers avec des provisions.

– Ils font un pique-nique ! dis-je.

Plus tard, la porte s'ouvre. Un enfant sort du jardin, remonte la rue et revient avec deux bouteilles d'eau. Lupin empêche alors la porte de se refermer derrière lui. Nous pénétrons à l'intérieur du jardin et nous nous cachons dans un massif de lauriers. Nous découvrons alors le décor du tableau : le puits, le banc de pierre et le cadran solaire ! Nous observons longuement les seize à dix-huit personnes d'âges différents assises çà et là et qui mangent.

À une heure et demie, les hommes se mettent à fumer près de la rotonde. Les femmes les rejoignent. Ils ont l'air de tous se connaître. Soudain, ils se précipitent vers le puits. Les enfants de l'ouvrier sont en train de remonter leur frère qui explorait le puits. Le militaire, le gros monsieur et le valet de chambre se jettent sur l'enfant,

---

13. Une guenille : un vieux vêtement sale et déchiré.

l'attrapent et lui arrachent ses vêtements. Les deux sœurs et les mendiants se battent avec les ouvriers !

– Ils sont fous, dis-je.

Louise d'Ernemont réussit à les calmer. Ils se rasseyent, l'air fatigué et triste.

Vers cinq heures, le gros monsieur regarde sa montre. Les autres l'imitent. Ils semblent attendre un événement extraordinaire. Mais vingt minutes plus tard, le gros monsieur a un geste de désespoir, puis il se lève et remet son chapeau. Les sœurs se mettent à genoux et font le signe de croix. Louise d'Ernemont serre sa fille tristement.

– Partons, dit Lupin, C'est fini.

En haut de la rue Raynouard, Lupin parle avec le concierge[14] d'une maison. Puis, il arrête une voiture et donne une adresse au chauffeur :

– 34, rue de Turin.

C'est l'étude d'un notaire, Maître Valandier. Lupin se présente comme le capitaine Janniot, un militaire en retraite. Il dit être intéressé par un terrain près de la rue Raynouard. Le notaire va chercher un tableau dans une armoire : c'est le même tableau, avec la même date !

– Vous parlez de ce terrain ? dit-il. Il n'est pas à vendre. Mais il a une drôle d'histoire que je peux vous raconter. Durant la Révolution, le fermier général Louis-Agrippa d'Ernemont s'y est caché pendant trois ans avec son fils, Charles, et une vieille servante. Le 15 avril 1794, des hommes armés se sont approchés de la maison. Le fermier a demandé à sa servante de les retenir cinq minutes. Il est allé dans son jardin. Puis il est revenu et a accepté de suivre ces hommes.

---

14. Le concierge : le gardien.

– Le 15 avril ? Quelle coïncidence ! dit Lupin.

– Trois mois plus tard, on guillotine Louis-Agrippa d'Ernemont. Son fils récupère enfin la maison en 1803, presque dix ans plus tard. Il est si heureux qu'il devient fou avant même d'entrer dans la maison ! Sa mère et sa sœur sont mortes et c'est la servante qui s'occupe de lui. Charles vit jusqu'à sa mort dans sa chambre. Il ne la quitte qu'une seule fois par an, le 15 avril. Ce jour-là, il sort dans le jardin, s'assied à différents endroits du jardin, puis rentre dans la maison. Juste avant de mourir, en 1812, sa servante révèle un secret : le fermier général a caché des sacs d'or et d'argent dans le jardin. Il a dessiné trois tableaux pour prévenir sa femme, son fils et sa fille !

– Les sacs sont donc encore dans le jardin ! rit Lupin.

– D'après moi, ils n'existent pas ! répond le notaire. Mais les héritiers – les enfants que Charles a eu en secret et ceux de sa sœur – les cherchent chaque 15 avril. Depuis cent ans, les héritiers attendent un miracle à cette date. Vous pouvez les aider, mais il faut avant déposer cinq mille francs à mon étude. C'est la règle. Et si vous trouvez le trésor, le tiers est à vous !

– Voici les cinq mille francs, dit Lupin. Convoquez les héritiers le 15 avril de l'année prochaine à Passy !

Lorsque nous quittons l'étude, je demande à Lupin ce qu'il sait.

– Rien, mais c'est ce qui m'amuse. J'ai trois cent soixante-cinq jours pour réfléchir.

Le matin du 15 avril suivant, sans nouvelle de Lupin depuis un an, je me rends à Passy. Maître Valandier est là avec les héritiers. Il y a les sœurs âgées, le militaire, la famille d'ouvriers... Ils ont le visage plein d'espoir et attendent avec

impatience le capitaine Janniot. Lupin habillé en capitaine arrive, il consulte sa montre et dit :

– Pas de temps à perdre.

Il s'approche du cadran solaire. La table en marbre est usée par le temps et c'est la flèche d'un Amour[15] qui sert d'aiguille.

– Un couteau, s'il vous plaît, demande Janniot.

Deux heures sonnent. À cet instant précis, le soleil illumine le cadran. L'ombre de la flèche suit une cassure du marbre. Le capitaine gratte la terre à l'intérieur de la cassure. Un obstacle l'arrête. Il retire alors un objet avec ses doigts et le passe au notaire : c'est un diamant énorme ! Il continue et retire ainsi dix-huit diamants !

Les deux sœurs s'évanouissent, la femme élégante prie et Louise d'Ernemont pleure. Les héritiers veulent remercier le capitaine Janniot, mais il est déjà parti !

* * *

Plusieurs années après, Lupin m'explique :

– Si un fou, Charles, sort de sa chambre une fois par an et toujours à la même heure, c'est que le temps est important dans cette affaire. Quel est le symbole du temps ? Le cadran solaire, bien sûr. Je devais chercher là ! Le 2 de la date ne représentait pas l'an II, c'est-à-dire 1802, mais deux heures !

– Vous avez donc gagné six beaux diamants, dis-je.

– Pas du tout ! Le lendemain, les héritiers refusent de reconnaître mon contrat avec le notaire, car le capitaine Janniot n'existe pas. J'ai eu simplement un tout petit diamant ! Rendez service à votre prochain, et voilà comment vous êtes récompensé !

---

15. Un Amour : une petite sculpture qui représente un ange avec un arc et des flèches.

4 LE PIÈGE INFERNAL

Les époux Dugrival et leur neveu Gabriel sont très connus sur les hippodromes[16]. Lui, est gros et a le teint rouge. Elle, est lourde et vulgaire. Gabriel est mince, les yeux noirs et les cheveux blonds. Aujourd'hui, c'est un jour de chance : ils gagnent dans trois courses. Après la cinquième, un homme à la barbiche grise s'approche de Dugrival :

– On vous a volé cette montre en or, monsieur ?

– Mais oui ! Regardez, il y a mes initiales, N. D. : Nicolas Dugrival !

Dugrival vérifie tout de suite la poche de sa veste : heureusement, son portefeuille est bien là avec toute sa fortune !

L'homme se présente :

– Je suis monsieur Delangle, inspecteur* de police. Suivez-moi au commissariat*. Nous avons déjà arrêté votre voleur*.

Un homme interpelle l'inspecteur :

– Le voleur a parlé. Marquenne vous attend devant les tribunes[17].

Il y a du monde devant les tribunes. L'inspecteur repousse les gens qui s'approchent trop près de lui.

– C'est comme cela qu'on se fait voler, explique-t-il. Ah, je vois Marquenne ! Attendez-moi là !

L'inspecteur s'éloigne. Madame Dugrival et son neveu arrivent. Elle demande à son mari s'il a encore son portefeuille. Il tâte sa veste et crie :

---

16. Un hippodrome : un terrain où ont lieu des courses de chevaux.
17. Une tribune : un endroit où s'installent les spectateurs.

– Mon portefeuille ! Je ne l'ai plus. C'est cet inspecteur, c'est un voleur...

– Au voleur, crie la femme ! Cinquante mille francs ! Au voleur !

Très vite, des policiers les conduisent au commissariat. Monsieur Dugrival ne supporte pas le vol de son argent. Il sort un revolver de sa poche et se tire une balle dans la tête.

Les journaux parlent beaucoup de cette affaire. Ils accusent la police de laisser un pickpocket* agir en plein

jour et dans un endroit public. Madame Dugrival donne de nombreuses interviews. Avec son neveu, elle jure de venger son mari.

Pendant ce temps, le mystérieux inspecteur Delangle reste introuvable. On dit qu'Arsène Lupin est responsable. Arsène Lupin envoie alors un message de New York :

« Proteste contre ces accusations. Mes condoléances aux victimes*. Mon banquier leur donnera cinquante mille francs de ma part. Lupin. »*

Le lendemain, un inconnu apporte en effet la somme chez les Dugrival. Dans la nuit, des cris affreux réveillent leurs voisins. La gardienne trouve Gabriel ligoté[18] dans sa chambre. Madame Dugrival, elle, est blessée à la poitrine. Elle crie :

– On a volé l'argent !

Madame Dugrival raconte son agression violente par deux hommes. Comment sont-ils entrés ? Comment sont-ils sortis ? C'est un mystère !

L'inspecteur principal Ganimard est chargé de l'enquête*.

– Cela ressemble à du Lupin, déclare-t-il. Mais ce n'est pas du Lupin. Et je ne vois pas de rapport avec le vol du champ de courses. J'abandonne l'enquête.

Désormais, les Dugrival refusent les interviews. Ils s'enferment chez eux. Gabriel soigne seul sa tante. Or, un après-midi, un jeune homme sonne à leur porte. Il propose de les aider à trouver les voleurs. Gabriel le fait entrer. Puis, au moment où l'homme pénètre dans la salle à manger, Gabriel le frappe avec un couteau.

– Touché ! crie madame Dugrival. Imbécile, tu es tombé dans le piège. On t'attend depuis longtemps.

---

18. Ligoté : attaché avec de la corde.

Madame Dugrival ouvre une armoire dans sa chambre. Elle pousse le fond et révèle ainsi l'entrée d'une pièce située dans la maison voisine.

– Gabriel, aide-moi à le porter, tu le soigneras. Il vaut son pesant d'or[19].

Le blessé reprend conscience, voit Gabriel assis sur une chaise, et se rendort. Gabriel le soigne bien et l'homme retrouve petit à petit des forces. Le prisonnier essaye de plaisanter mais Gabriel ne rit jamais et garde son air dur.

– Tu me fais peur, lui dit un jour l'homme. Si tu veux me tuer, fais-le, mais ris. Je nai pas peur de la mort, mais avec toi la situation est macabre[20].

Un jour, l'homme remarque que ses bras et ses jambes sont attachés au lit.

– Ah, c'est le grand jeu ! Tu saignes bientôt le poulet. Nettoie bien ton rasoir. Je ne veux pas être infecté !

Au même moment, madame Dugrival entre dans la pièce. Elle s'approche de l'homme et sort un revolver.

– Madame Dugrival, quel honneur !, dit-il.

– Tais-toi, Lupin.

– Ah, vous savez !

Lupin avoue alors qu'il a volé le portefeuille au champ de courses. Ensuite il a fait croire qu'il était à New York, mais finalement il a remboursé le vol.

– Mais nous avons deviné que tu étais le voleur. Tu nous as donné exactement les mêmes billets que les billets volés ! dit madame Dugrival. Nous avions les numéros !

Lupin rit de la bêtise d'un de ses complices.

– Gabriel a eu l'idée de te faire venir ici avec le second vol. Voilà l'invisible Lupin pris au piège d'une femme et

---

19. Il vaut son pesant d'or : il va nous faire gagner beaucoup d'argent.
20. Macabre : qui fait penser à la mort.

d'un gamin !, pousuit madame Dugrival. Depuis douze jours, j'étudie tes affaires. Je sais tout de toi, tes logements, tes opérations financières, tes faux noms... tout ! Voilà quatre chéquiers de quatre banques où tu as un compte. J'ai inscrit dix mille francs sur chacun. Signe maintenant !

– Eh bien, vous êtes une professionnelle !

– Je ne suis pas une débutante. Et personne ne viendra te sauver ! Tes complices te cherchent ailleurs en ce moment. Tu es perdu. Signe !

Lupin n'a jamais vu autant de haine chez une personne. Il signe. Madame Dugrival part toucher l'argent. Lupin propose au neveu une belle somme en échange de sa libération. Gabriel ne répond pas et regarde toujours de façon cruelle son prisonnier.

Avant midi, madame Dugrival est de retour.

– J'ai l'argent. Gabriel, va attendre dans la voiture ! Tu es prêt Lupin ?

Elle met le revolver sur la tempe et tire.

– C'est cela la mort ? dit Lupin.

Elle tire une nouvelle fois. Gabriel vérifie le revolver : il n'y a pas de balles !

– Comment est-ce possible ? dit madame Dugrival. Gabriel va chercher ton couteau.

Gabriel va dans sa chambre, mais il ne trouve pas son couteau. Folle de rage, sa tante saisit Lupin à la gorge. Soudain, la fenêtre vole en éclat. Madame Dugrival cherche par terre, mais ne trouve aucune pierre. Comment est-ce possible ?

– J'ai peur, dit-elle. Gabriel, tue-le.

Gabriel a peur aussi. Elle serre alors de nouveau la gorge de Lupin, mais elle est incapable de le tuer. Une puissance mystérieuse le protège-t-il ? Elle cherche comment se venger autrement. Elle prend le téléphone et appelle la police :

– Dites à l'inspecteur Ganimard que l'assassin de mon mari est attaché chez moi. C'est Lupin.

La veuve et son neveu quittent la pièce. Lupin essaye de se détacher, mais les liens sont solides. Il est épuisé par la fièvre et l'angoisse. Il n'a plus d'espoir. Personne ne va le sauver. Ganimard va le trouver là. C'est stupide de se faire arrêter comme cela !

Il entend alors des pas. Une inconnue entre et le délivre. Elle lui dit de s'habiller et de la suivre. Elle est jeune et vêtue d'une élégante robe noire. Lupin découvre stupéfait son visage. Cette femme est... Gabriel ! Gabriel n'est pas un garçon, mais une femme déguisée par son oncle et sa tante pour tromper les victimes. Elle avoue : les balles, le couteau introuvable, la fenêtre... c'est elle ! Lupin s'habille. Mais il n'a pas la force de marcher. Elle le soutient et ils partent.

Lupin reprend conscience dans un de ses domiciles. La jeune femme a toujours un air dur et mystérieux. Mais Lupin y voit aussi de la tristesse. Il lui prend la main, mais elle le repousse :

– Laissez-moi ! Je vous déteste !

– Pourquoi vous m'avez sauvé alors ?

– Je ne sais pas.

Elle se cache le visage avec ses deux mains et pleure. Lupin veut lui dire des mots affectueux, mais il se sent ridicule. Elle a eu des sentiments pour lui et l'a sauvé malgré elle. Elle baisse la tête, sourit un peu puis disparaît.

Lupin se regarde dans un miroir.

– Voilà ce qui arrive quand on est joli garçon, murmure-t-il.

5 L'ÉCHARPE DE SOIE ROUGE

Ce matin-là, l'inspecteur Ganimard marche dans la rue. L'individu devant lui a un comportement étrange. Il se baisse régulièrement et pose un morceau d'orange sur le trottoir. Il fait ensuite signe à un gamin qui trace une croix blanche sur la maison la plus proche. L'homme et l'enfant recommencent plusieurs fois, puis entrent dans une vieille maison. Ganimard les suit. Arrivé au dernier étage, il tombe sur un troisième personnage, un jeune homme d'une trentaine d'années.

Le jeune homme remercie le vieil homme et le gamin et dit :

– Bonjour Ganimard.

Tout ceci était un stratagème[21] pour attirer le commissaire* !

– Tu ne me reconnais pas ? Je suis Arsène Lupin !

L'inspecteur est furieux.

– Tu n'es pas content de me voir ? Tu veux un cigare ? Non ? Alors, voilà pourquoi je veux te voir : cette nuit, vers une heure du matin, un paquet jeté du Pont-Neuf a atterri sur une péniche[22]. Le batelier[23] connaît un de mes amis et j'ai maintenant le paquet. Le voici.

Lupin montre un morceau de journal, un encrier de cristal, un petit éclat de verre, un carton déchiré et un morceau de soie rouge terminé par un gland[24] de la même couleur.

– Nous pouvons résoudre l'affaire* avec réflexion et intelligence. Ce sont tes qualités principales, non ?

---

21. Un stratagème : une ruse ; un moyen pour obtenir quelque chose.
22. Une péniche : un long bateau avec un fond plat.
23. Un batelier : une personne qui conduit des bateaux sur les fleuves.
24. Un gland : ici, une décoration en forme d'olive.

Ganimard ne dit rien.

– Voilà mon idée : hier soir, entre neuf heures et minuit (le journal porte la date et cette édition pour abonnés sort après neuf heures), un homme blesse une demoiselle habillée de façon originale (la couleur de la soie le montre) avec un couteau. Puis il l'étrangle avec son écharpe (il y a les marques d'un couteau et d'une main sur l'écharpe). Le meurtrier est un monsieur bien habillé qui porte un monocle[25] (l'éclat de verre vient d'un monocle), habitué aux courses de chevaux (c'est un journal de courses). L'homme et la femme viennent de manger trois meringues et un éclair au café (il y a des traces de crèmes dans le carton). Après son crime, le meurtrier enveloppe les pièces à conviction* et les jette dans la Seine, accrochées à un encrier pour faire poids. Que dis-tu de mes explications ?

Ganinard ne dit toujours rien.

– Je n'ai pas le temps de m'occuper de cette affaire. Je te la donne, mon bon Ganimard. Je garde ce bout d'écharpe. Si tu en as besoin, apporte-moi le bout qui est au cou de la victime dans un mois, le 28 décembre. Ah, au fait, l'homme habite près du Pont-Neuf et il est gaucher[26] !

Lupin disparaît si vite que Ganimard n'a pas le temps de le suivre.

L'inspecteur n'aime pas Lupin. Il a toujours peur de tomber dans ses pièges. C'est pourquoi il décide d'oublier cette conversation.

Quand il arrive à son bureau, il apprend que son chef l'attend rue de Berne pour l'assassinat d'une chanteuse.

---

25. Un monocle : une sorte de lunette mais avec un seul verre.
26. Gaucher : personne qui se sert plus de sa main gauche que de sa main droite.

Le cadavre de la jeune femme est allongé sur un lit dans son appartement. Ses mains serrent un morceau de soie rouge ! Le médecin donne ses conclusions :

– L'assassin a donné deux coups de couteau à Jenny Saphir. Puis il l'a étranglée avec l'écharpe et il en a emporté un morceau.

Ganimard pense : « Lupin a tout compris ! »

Son chef dit ensuite :

– Jenny Saphir était une chanteuse sans grand talent, mais très belle. Elle est revenue de Russie il y a deux ans avec une magnifique pierre de grande valeur, un saphir. Le vol est la cause du meurtre*. Ganimard, nous avons besoin d'une enquête rapide ! D'après la femme de chambre, un homme retrouve la jeune femme tous les jours vers dix heures et demie. C'est lui que vous devez trouver.

Après son déjeuner, Ganimard se promène pour avoir les idées claires. Il veut oublier les indices* de Lupin. Mais ses pas le conduisent devant la maison où il a rencontré Lupin. Il ne peut pas résister. Il monte au dernier étage. Les pièces à conviction sont encore là. Il les met dans sa poche.

L'inspecteur fait le trajet entre le Pont-Neuf et la rue de Berne. Il trouve facilement la pâtisserie d'où vient le carton. La vendeuse se souvient avoir servi un homme avec un monocle la veille au soir.

Un marchand de journaux lui confirme ensuite que le journal est le *Turf*[27] *illustré*. Ganimard obtient dans les bureaux du journal la liste des abonnés qui habitent près du Pont-Neuf. Ses hommes enquêtent et l'un d'eux revient dans l'après-midi avec une bonne nouvelle : monsieur Prévailles,

---

27. Le turf : les activités autour des courses de chevaux.

abonné au *Turf illustré* et porteur d'un monocle, est sorti de chez lui la veille au soir. Il portait un manteau avec un col de fourrure et il est rentré à minuit.

Ganimard est admiratif des dons de Lupin ! Il va trouver son chef et annonce :

– Je sais qui est l'assassin de Jenny Saphir.

– Hein ? Mais comment vous avez trouvé ?

Ganimard rougit, puis dit :

– C'est un hasard. Un batelier m'a donné un paquet tombé sur sa péniche...

Le chef écoute les explications et conclut :

– C'est une de vos plus belles enquêtes ! Arrêtez cet homme.

Ganimard et ses hommes entourent l'immeuble de monsieur Prévailles. Un peu avant neuf heures, un homme enveloppé dans un manteau de fourrure arrive. Ganimard l'interpelle :

– Vous êtes bien monsieur Prévailles ?

– Oui. Qui êtes-vous ?

Soudain, l'homme recule. Il brandit une lourde canne de sa main droite et garde la main gauche derrière son dos. Ganimard se souvient de l'avertissement de Lupin : Prévailles est gaucher ! L'inspecteur se baisse. Deux détonations retentissent, mais personne n'est touché. Quelques secondes après, un policier donne un coup de canne à Prévailles qui tombe par terre. On l'arrête.

Les journaux félicitent Ganimard pour son enquête. Mais Prévailles, de son vrai nom Thomas Derocq, était aux Folies-Bergère le soir du crime. Il n'y a pas assez de preuves* pour l'accuser.

Le 27 décembre, le juge* annonce à Ganimard son intention d'abandonner l'affaire :

– Nous ne trouvons pas la pierre précieuse. Et nous avons besoin de l'autre partie de l'écharpe. Elle doit porter les traces de l'assassin. Sans ce morceau, nous ne pouvons rien.

Ganimard sait où trouver l'autre bout de l'écharpe. L'idée ne lui plaît pas, mais il doit revoir Lupin.

Le 28 décembre, malgré sa peur, il se rend au rendez-vous de Lupin. Il a repéré avec soin les issues de la maison et placé ses hommes tout autour. Au dernier étage de la maison, un vieil ouvrier en longue blouse de peinture attend Ganimard : c'est Lupin !

– Alors, dit Lupin, tu as l'écharpe ?

Les deux hommes posent chacun leur morceau sur une table. Il s'agit bien de la même écharpe. L'inspecteur est heureux : les traces des cinq doigts apparaissent parfaitement sur le deuxième morceau !

– C'est une main gauche ! dit Lupin.

Ganimard met le morceau de soie dans sa poche. De son côté, Lupin prend le gland entre ses doigts.

– Jenny Saphir faisait elle-même ses robes, dit-il. Cette écharpe aussi sans doute. Dans le gland de la première moitié, j'ai trouvé une médaille de Notre-Dame-de-Bon-Secours. Voilà pourquoi je voulais voir l'autre morceau. Regarde, je peux défaire facilement la soie autour du gland. Et tu sais ce qu'il y a dedans ?... La pierre précieuse !

Lupin saisit dans ses doigts une magnifique pierre bleue ! L'inspecteur devient pâle. Il comprend enfin la machination de Lupin !

– Animal ! dit-il. Rends-moi ça.

Lupin lui tend l'écharpe.

– Et le saphir !

– Espèce d'idiot ! Tu crois que je te donne une affaire pour rien ? Depuis quatre semaines, tu es un bon chien :

Ganimard apporte au monsieur. Vous êtes quand même bien stupide dans la police !

Ganimard veut sortir de la pièce, mais la porte est fermée. Il tend alors un revolver vers Lupin.

– Ta femme de ménage est à mon service, dit Lupin. Elle a mouillé la poudre. Le coup ne partira pas.

Furieux, l'inspecteur se jette sur Lupin. Mais Lupin gagne tous leurs combats. Il n'a pas la volonté de se battre.

– Tu as déjà la gloire, dit Lupin. Et je t'ai aussi sauvé la vie avec la main gauche de Prévailles. Tu peux me remercier deux fois.

Lupin se rapproche de la porte. Ganimard veut l'empêcher de fuir et lui barre la route. Mais Lupin donne un incroyable coup de tête dans le ventre de Ganimard, il ouvre la serrure et disparaît dans un éclat de rire et referme la porte.

Ganimard met vingt minutes avant de réussir à sortir. Un de ses hommes lui tend une lettre :

– Un peintre me l'a donnée pour vous.

Ganimard lit la lettre :

« Ne crois pas tout ce que je dis. Je ne connais pas ta femme de ménage. Tes cartouches n'étaient pas mouillées. Accepte, mon bon ami, les sentiments affectueux de ton fidèle Arsène Lupin. »

6 LA MORT QUI RÔDE

Arsène Lupin cache sa motocyclette[28] près du mur du château de Maupertuis. Il lance une corde et attrape la branche d'un arbre. Il tire fort et la branche descend jusqu'à lui. Il passe ses jambes autour de la branche et se laisse soulever jusqu'en haut du mur. Pour redescendre, il glisse le long de l'arbre et se retrouve dans le parc du château.

Caché derrière des sapins, Lupin observe le château. Lorsque trois heures sonnent, une porte s'ouvre sur la terrasse. Une jeune femme dans un manteau noir apparaît. C'est mademoiselle Darcieux. Elle marche le long d'une allée dans sa direction. Elle est grande et blonde.

Tout d'un coup, un chien énorme surgit d'une cabane. Il aboie et tire sur la chaîne qui le retient. Habituée, la jeune fille s'écarte. Mais le chien bondit et se précipite sur la jeune fille. Elle appelle au secours et se met à courir. Puis elle tombe.

Une détonation retentit. Le chien hurle puis se couche, mort. Lupin court vers la jeune fille.

– Je vous remercie, monsieur. J'ai eu très peur.

Lupin se présente sous le nom de Paul Daubreuil. Il examine la chaîne du chien et dit entre ses dents :

– La chaîne est brisée. Les événements se bousculent.

Puis il s'adresse à la jeune fille :

– Il y a quelques jours, vous avez écrit une lettre à votre amie Marceline. Vous l'avez déchirée et vous avez jeté les morceaux sur le bord de la route. On me les a apportés.

---

28. Une motocyclette : une petite moto (mot ancien).

Vous y racontez avoir échappé trois fois à la mort ces derniers temps. Je suis venu vous sauver.

– Mais... ce sont des hasards.

– Non, mademoiselle. Un tel événement peut être un hasard, mais pas trois !

La jeune fille reconnaît que les faits sont troublants. Son père aussi semble menacé : il est malade et ne quitte plus sa chambre. Il est sa seule famille : sa mère est morte il y a 16 ans, lorsqu'elle avait 5 ans.

Avant de quitter la jeune fille, Lupin promet de la protéger et de revenir le soir même au château. Il sort du domaine par une petite porte en bois et il garde la clé qui se trouve dans la serrure. Il se rend chez le médecin de monsieur Darcieux, le docteur Guéroult. Le docteur habite près de l'église du village de Maupertuis.

Lupin se présente sous le nom de Paul Daubreuil. Il dit travailler pour la police et venir défendre mademoiselle Darcieux. Le vieux médecin, qui aime beaucoup Jeanne, invite Lupin à dîner. Après le repas, ils vont ensemble au château pour voir monsieur Darcieux.

Le docteur Guéroult présente Lupin comme un jeune médecin. Monsieur Darcieux a la figure maigre. Il a de la fièvre et souffre beaucoup. Il est inquiet des accidents qui arrivent à sa fille et il veut prévenir la police. Très fatigué, il s'endort.

Le docteur est d'accord avec Lupin : quelqu'un empoisonne monsieur Darcieux. Mais comment ? Et qui ? Lupin aperçoit alors Jeanne à travers une porte ouverte. Il se précipite vers elle et lui demande :

– Qu'est-ce que vous buvez ?

– Mais... du thé !

La jeune fille grimace car la boisson a un goût étrange.

Le médecin goûte et crache aussitôt :

– Pouah !

Soudain, Jeanne se sent très mal. Les deux hommes la portent dans sa chambre sur son lit et le médecin s'occupe d'elle. Pendant ce temps, Lupin descend dans la cuisine et interroge la cuisinière, le domestique et le garde. Quand il retrouve le médecin, Jeanne est hors de danger. Mais une chose est certaine : on veut l'empoisonner. Les deux hommes décident de passer la nuit au château. Dans la nuit et sans prévenir le médecin, Lupin part vers Paris.

Là-bas, avec l'aide de deux amis, il fait des recherches. Il roule ensuite comme un fou pour revenir au château. Il retrouve le docteur et la jeune femme et leur annonce :

– Il faut partir !

Jeanne ne comprend pas. Elle refuse.

– Partez demain matin chez votre amie Marceline. Prévenez dès ce soir vos domestiques. Vous, docteur, prévenez monsieur Darcieux. Jeanne, restez ensuite dans votre chambre. N'ouvrez que quand vous entendez trois coups légers.

Jeanne accepte. Lupin et le docteur quittent le château. Le garde ferme la grille derrière eux. Lupin explique au docteur.

– Ce soir quelqu'un va assassiner mademoiselle Darcieux.

– Qu'est-ce que vous racontez ? dit le médecin qui soudain a peur. Mais pourquoi quittons-nous le château dans ce cas ?

– Le criminel nous observe. Rentrez chez vous. Puis, à onze heures, revenez et entrez dans le domaine. Voici la clé de la petite porte en bois. Retrouvez mademoiselle Darcieux dans sa chambre. Ensuite, ne faites pas un geste et ne dites pas un mot ! Le criminel passera par la fenêtre du cabinet de toilette. Je passerai par là aussi !

Lupin attend près de sa motocyclette. Comme la première fois, il attrape une branche pour franchir le mur qui le sépare du parc du château. Alors qu'il est en haut du mur, il voit une ombre tendre une arme dans sa direction. Lupin entend une détonation et sent un choc dans sa poitrine. Il tombe de branche en branche comme un cadavre[29].

Dans la chambre de Jeanne, le docteur éteint la lampe et s'installe près du lit. Jeanne a peur, mais il la rassure :

– L'homme qui te protège est très fort et il sait ce qu'il fait.

L'attente est longue. Il fait sombre dans la chambre. Puis, le docteur entend un bruit et sent de l'air froid : quelqu'un entre par la fenêtre ! Le docteur prend son revolver. Mais il ne bouge pas comme lui a demandé Lupin. Le docteur et Jeanne ne peuvent pas voir l'ennemi, mais ils sentent sa présence. Il est maintenant dans la chambre, près du lit. Le docteur serre son arme. L'ennemi fait un pas et s'arrête. Le silence et le noir sont effrayants. Qui est-ce ? Pourquoi en veut-il à Jeanne ? Deux minutes passent. Puis, tout d'un coup, une lumière éclaire le visage d'un homme. Jeanne crie. Elle voit son père au-dessus d'elle, un couteau à la main ! La lumière s'éteint et le docteur tire.

– Arrêtez de tirer, crie Lupin !

Lupin allume de nouveau sa lampe électrique, puis court dans le cabinet de toilette. Le père de Jeanne s'est enfui ! Lupin revient tranquillement dans la chambre et allume la lampe de la table. Jeanne est évanouie sur son lit.

– Son père... son père..., répète le docteur

– Reprenez-vous, dit Lupin avec le sourire. C'est fini ! Soignez plutôt Jeanne.

---

29. Un cadavre : le corps d'une personne morte.

Lupin va vérifier la chambre de monsieur Darcieux : elle est vide.

– Tant mieux. Il est parti.

Il retourne dans la chambre de Jeanne. La jeune femme dort.

– Demain, tout ira mieux, dit-il au médecin. Elle oubliera, car elle n'est pas la fille de monsieur Darcieux.

– Comment ?

– Le vrai père de Jeanne est mort juste après sa naissance. Sa mère a épousé un cousin de son mari, monsieur Darcieux. Il a acheté ce château, car personne ne les connaît ici. Il a présenté Jeanne comme sa fille. J'ai découvert cela à Paris. Jeanne n'est pas au courant.

– Mais pourquoi veut-il la tuer ?

– Mademoiselle Darcieux va bientôt avoir vingt et un ans et devenir majeure. Elle est amoureuse du frère de son amie Marceline. Elle attend sa majorité pour l'épouser, car monsieur Darcieux ne veut pas de ce mariage. Si elle se marie, il perd la fortune de Jeanne, qu'elle tient de sa mère. Mais si Jeanne meurt avant ses 21 ans, c'est lui qui hérite ! Voilà pourquoi j'ai inventé le départ de Jeanne pour Versailles. Monsieur Darcieux devait agir dès cette nuit. Il a compris mon plan et a essayé de me tuer. Mais mon portefeuille a stoppé la balle ! Je suis tombé, comme mort, et j'ai pu suivre monsieur Darcieux sans qu'il s'en doute.

– Pourquoi ne pas l'avoir arrêté avant ? Le choc est terrible pour Jeanne.

– Elle devait voir le vrai visage de son assassin. Vous lui expliquerez tout à son réveil. Elle comprendra.

Le docteur félicite Lupin pour son extraordinaire exploit. Il veut écrire à la police pour faire part de son courage. Lupin rit :

– Écrivez à mon chef, l'inspecteur Ganimard. Je viens de résoudre une belle enquête sous ses ordres, l'affaire de « l'écharpe rouge ». Il va se réjouir de votre lettre !

7 ÉDITH AU COU DE CYGNE

ARSÈNE LUPIN ME CONFIE un jour son admiration pour Ganimard. Pour lui, l'inspecteur a de grandes qualités. Elles lui ont permis notamment de résoudre l'affaire *d'Édith au Cou de Cygne.*

Cette histoire commence à Rennes, il y a trois ans. Le train de Brest arrive en gare avec la porte d'un fourgon[30] cassée. Un riche Brésilien, le colonel Sparmiento, a loué le fourgon. Une des tapisseries qui était à l'intérieur a disparu.

Le colonel porte plainte contre la Compagnie du chemin de fer[31]. Deux semaines plus tard, la police découvre qu'Arsène Lupin a commis le vol et retrouve la tapisserie à la gare Saint-Lazare, à Paris. Lupin a donc manqué son coup. Il écrit alors une lettre au colonel :

« J'ai eu la délicatesse de ne prendre qu'une tapisserie. La prochaine fois, je prends les douze. A. L. »

Le colonel habite un grand hôtel particulier à l'angle de la rue de la Faisanderie et de la rue Dufrénoy. C'est un homme un peu fort, aux épaules larges, aux cheveux noirs et au teint basané[32]. Il s'habille de façon discrète, mais élégante. Sa femme est une Anglaise extrêmement belle, à la santé fragile. Le vol de la tapisserie est un choc pour elle. Elle demande à son mari de vendre les tapisseries. Il refuse. En revanche, il prend toutes les précautions pour éviter un cambriolage*.

30. Un fourgon : une voiture d'un train qui sert au transport de marchandises.
31. Le chemin de fer : le train.
32. Au teint basané : à la peau brune, foncée.

Il fait murer les fenêtres du rez-de-chaussée et du premier étage qui donnent sur la rue. Il fait également installer des alarmes aux fenêtres de la galerie dans laquelle se trouvent les tapisseries. Enfin, il engage trois anciens inspecteurs qui détestent Lupin pour surveiller les lieux.

Pour célébrer la fin des travaux, le colonel organise une grande fête. Il invite des amis, des journalistes et des critiques d'art. À l'entrée, les inspecteurs vérifient avec une grande attention les cartes d'invitation. Quand tout le monde est là, les domestiques ferment les grilles du jardin et les portes d'entrée. Les invités s'enthousiasment devant les tapisseries. Elles datent du XVIe siècle et racontent l'histoire de la conquête de l'Angleterre. Le colonel les a achetées cinquante mille francs en Bretagne. Mais elles valent vingt fois plus. La plus belle est celle volée dans le train. Elle représente Édith au Cou de Cygne qui cherche son bien-aimé, Harold, parmi les morts de la bataille d'Hastings. Un invité trouve une ressemblance entre Édith et madame Sparmiento.

– C'est pour cela que j'ai acheté ces tapisseries, dit le colonel. Et aussi, parce que ma femme s'appelle Édith ! Mais j'espère qu'elle ne cherchera pas mon cadavre ! Je n'ai pas envie de mourir. Bien sûr, si mes tapisseries disparaissent, peut-être...

Il ne peut pas terminer sa phrase. L'alarme d'une des fenêtres sonne. Madame Sparmiento pousse un cri de terreur. Toutes les lumières s'éteignent et les sonneries des autres alarmes retentissent. C'est la panique. Les femmes crient, tout le monde se bouscule.

– Silence, hurle le colonel. Je m'occupe de tout.

La lumière revient peu de temps après. Le spectacle de la galerie est étrange : deux femmes sont évanouies,

madame Sparmiento est comme morte au bras de son mari, les hommes ressemblent à des combattants.

– Les tapisseries sont là, crie quelqu'un.

En effet, rien n'a bougé ! Les invités trouvent leur conduite stupide et quittent l'hôtel. Seuls deux journalistes restent. Ils font une enquête rapide avec le colonel et les trois détectives*. Mais ils ne trouvent rien. Le colonel leur offre une bouteille de champagne. À deux heures quarante-cinq, les journalistes s'en vont, le colonel va se coucher et les détectives montent la garde*. Ces derniers sont très fatigués et s'endorment entre cinq heures et sept heures. À sept heures vingt, lorsque l'un d'eux ouvre les volets de la galerie, il constate que les douze tapisseries ont disparu !

Quand il apprend le vol, le colonel est désespéré. Il fait le tour de la galerie, écrit une lettre pour le commissaire de police et quitte son hôtel, très agité.

Le commissaire lit la lettre à son arrivée au bureau :

« Que ma femme me pardonne le chagrin que je vais lui faire. Son nom sera sur mes lèvres jusqu'au dernier moment. »

Le commissaire lance les recherches. En fin d'après-midi, des employés découvrent, après le passage d'un train, le corps d'un homme à la sortie d'un tunnel à Ville-d'Avray. Son visage n'a plus forme humaine. À sept heures du soir, madame Sparmiento se rend à la gare de Ville-d'Avray et identifie le cadavre de son mari.

Les journaux sont furieux contre Lupin. Ils ont de la sympathie pour le Lupin cambrioleur, mais pas pour le Lupin assassin. Le public, lui, éprouve une grande pitié pour madame Sparmiento. L'histoire de la blonde Anglaise rejoint la tragédie de la reine au Cou de Cygne.

L'inspecteur Ganimard revient d'Inde. Là-bas, Lupin l'a encore roulé dans une affaire ! Ganimard veut aider madame Sparmiento, il veut venger son mari. La veuve laisse Ganimard s'installer dans l'hôtel. Elle a renvoyé les détectives et les domestiques, et gardé un seul domestique ainsi qu'une vieille femme de ménage.

Ganimard enquête pendant quinze jours. Il étudie la maison et le quartier. Mais il ne trouve rien. Il demande à son chef, monsieur Dudouis, un peu de patience, car il est proche de trouver.

Quarante-huit heures plus tard, monsieur Dudouis reçoit un appel de Ganimard :

– Venez tout de suite à l'hôtel des Sparmiento avec dix hommes.

Ils arrivent un peu avant minuit, Ganimard les accueille dans la rue. Il donne des instructions aux policiers. Puis il s'enferme dans la maison avec son chef.

– Que se passe-t-il, Ganimard ?

– Je tiens la vérité. Elle est invraisemblable !

Ganimard est excité.

– Lupin m'a toujours roulé. Mais je connais maintenant son jeu. Depuis le début de cette affaire, je me pose deux questions. D'abord, Lupin savait que Sparmiento pouvait se suicider. Or, il n'aime pas le sang. Pourquoi a-t-il alors volé les tapisseries ? Ensuite que signifie tout ce vacarme durant la fête ? C'est évidemment pour créer une atmosphère d'angoisse autour de cette affaire. Vous comprenez, chef ?

– Non.

– C'est vrai que ce n'est pas clair. Je vous explique : Lupin se laisse accuser pour laisser à son complice la liberté d'agir. Le complice a volé les tapisseries depuis l'intérieur de l'hôtel, car personne n'est entré dans l'hôtel.

– C'est donc un invité ou les domestiques ou bien les détectives..., dit monsieur Dudouis.

– Non, c'est Sparmiento ! Il endort les détectives avec du champagne, ensuite il décroche les tapisseries et les fait passer par la fenêtre de sa chambre au deuxième étage, côté rue, le côté non surveillé.

– C'est ridicule. Pourquoi s'est-il tué ensuite ?

– Regardez cet article dans le journal : « *Un corps a disparu de la morgue*[33] *de Lille, le corps d'un homme qui s'est jeté sous un train.* » C'est ce cadavre avec les vêtements de Sparmiento que les employés ont retrouvé !

– Votre histoire ne tient pas debout.

– Car il faut encore aller plus loin : il n'y a pas de complice. Sparmiento n'existe pas... c'est Lupin ! Les tapisseries volées et le colonel mort, c'est sa veuve qui touche le montant des assurances ! Soit huit cent mille francs ! Lupin a attiré les projecteurs sur lui pour ne pas mettre le doute sur Sparmiento et créer de la sympathie autour de sa veuve. Les assurances paient sans vérifier !

– Mais qui est-elle ?

– Sonia Krichnoff ! La Russe arrêtée l'année dernière et que Lupin a aidé à fuir. Elle est donc ici, à l'étage ! Mais ce n'est pas tout. La vieille nourrice[34] de Lupin est aussi ici : c'est la cuisinière. Et j'ai encore mieux.

– Lui ?

– Oui, Lupin est là. C'est le domestique !

– Vous l'avez reconnu ?

– Non, son art de la transformation est trop parfait. Mais ce soir, Sonia l'a appelé « mon petit ». Elle l'a toujours appelé ainsi. Ces quatre personnages sont dans les étages. Nous pouvons les arrêter !

---

33. La morgue : endroit où on place les cadavres avant de les enterrer.
34. Une nourrice : une femme qui élève un enfant pour une autre femme.

– Ils ne peuvent plus nous échapper, se réjouit monsieur Dudouis.

Huit policiers armés montent l'escalier. L'un d'eux détruit d'un coup d'épaule la porte de la chambre de madame Sparmiento : elle est vide. Les autres pièces sont vides aussi. Ganimard est furieux :

– Mais quand sont-ils partis ? Par où ? J'ai demandé à mes hommes de tirer dès que quelqu'un s'échappait par une fenêtre. Et pourquoi ce soir ? Ils doivent encore toucher de l'argent des assurances dans les semaines à venir. Comment ont-ils su que je les avais démasqués ?

Ganimard comprend quand il lit la lettre à son nom posée sur la table :

« Moi, Arsène Lupin, assure que l'inspecteur Ganimard a fait preuve de qualités remarquables durant son séjour ici. Il a trouvé mes plans et fait économiser quatre cent mille francs aux assurances. Il a juste oublié que le téléphone d'en bas communique avec le téléphone de la chambre de Sonia Krichnoff. Quand il téléphonait à son chef, il m'appelait aussi. Il a mon admiration et ma sympathie. »

8 LE FÉTU[35] DE PAILLE

Ce jour-là, vers quatre heures, maître Goussot et ses quatre fils reviennent de la chasse. Les cinq hommes ont le même air peu sympathique : des lèvres minces, un nez courbé et une peau brûlée par le soleil. Maître Goussot ouvre la petite porte du domaine d'Héberville. Puis, il remet la lourde clé dans sa poche.

– J'espère que la mère a allumé le feu, dit un fils.

– Regarde, dit le père, il y a de la fumée. Vos fusils sont déchargés ?

Il reste une balle dans le fusil du fils aîné. Le jeune homme tire alors sur une petite branche en haut d'un cerisier. Un épouvantail[36] tombe et reste accroché à plat ventre sur une branche plus basse, au-dessus d'une fontaine.

– Joli coup mon garçon, dit le père. Cet épouvantail m'énervait.

Soudain, ils entendent des appels désespérés qui viennent de la maison. Ils se mettent à courir. Pour entrer plus vite, l'aîné casse une fenêtre. Il trouve sa mère allongée par terre. Elle a du sang sur le visage.

– Courez ! gémit-elle. Il a pris l'argent.

On entend des cris dans toute la maison : un fils devine un homme qui monte l'escalier, l'autre le voit redescendre. Maître Goussot se précipite et distingue un homme qui essaye d'ouvrir la porte d'entrée. L'homme lui fonce dessus, il évite l'aîné, passe par la chambre des parents,

35. Un fétu de paille : un petit morceau, un brin de paille

36. Un épouvantail : un mannequin qu'on met dans les champs pour faire peur aux oiseaux.

enjambe la fenêtre cassée et disparaît. Les fils se lancent à sa poursuite malgré la nuit.

– Il ne peut pas sortir du domaine et nous échapper, dit le père, les murs sont trop hauts.

Sa femme se sent déjà mieux. Elle boit un verre de rhum et raconte son histoire. Elle tricotait près de la fenêtre de sa chambre quand elle a entendu un bruit dans la lingerie. Là, elle trouve un homme devant l'armoire où ils cachent leur argent. Elle lui saute dessus et ils se battent à mains nues. Mais elle ne réussit pas à le retenir.

– Je crois que c'est le père Traînard, dit-elle.

– Le vagabond[37] ? répond le père. Il rôde depuis trois jours autour de la maison. Nous allons le punir !

Le premier fils revient bientôt bredouille. Trois gendarmes* arrivent avec des gens du village. Le brigadier[38] écoute l'histoire, puis déclare :

– Inutile de continuer ce soir, il fait trop sombre.

Le brigadier installe son quartier général dans la salle à manger et organise les tours de garde.

Au petit matin, les recherches recommencent. Une vingtaine d'hommes parcourt le domaine pendant quatre heures. Ils fouillent partout. Mais ils ne trouvent pas le père Traînard. L'après-midi, un juge d'instruction participe également aux recherches. Mais sans succès.

– Vos fils et vous avez peut-être rêvé ? dit le juge.

– Nous avons aussi inventé les marques sur la gorge de ma femme ? s'énerve le père Goussot. Traînard m'a volé six mille francs ! Je vais le retrouver.

Les voisins, le juge et les gendarmes s'en vont. Le père explique alors son plan à ses fils :

– Le père Traînard peut manger des racines, mais il ne peut boire qu'à la fontaine. Nous allons donc la surveiller.

Pendant quinze nuits, ils surveillent la fontaine. Et le jour, ils continuent d'inspecter le domaine. Mais ils ne trouvent rien.

Le père Goussot s'énerve et hurle depuis la porte de la maison :

– Espèce d'idiot ! Tu as peur de la prison ? Rends-moi l'argent et je te laisse partir.

Mais il n'obtient aucune réponse.

---

37. Un vagabond : une personne sans domicile ni profession.
38. Un brigadier : le chef des gendarmes.

Les journaux locaux et ceux de Paris s'intéressent à l'affaire. Des journalistes viennent au domaine, mais le père Goussot les renvoie. Deux semaines plus tard, les Goussot commencent à perdre espoir.

Un matin vers dix heures, une automobile tombe en panne dans le village. Le propriétaire, un jeune homme au visage sympathique, va attendre la réparation à l'auberge. Les clients lui racontent l'histoire des Goussot.

– J'ai l'habitude de ces histoires, dit-il.

Goussot accepte l'aide du jeune homme. Il lui explique tout en détail. Il lui montre les murs, ainsi que la petite porte et sa clé. L'inconnu ne parle pas et ne semble pas vraiment écouter. À la fin, le père Goussot lui demande son avis :

– Je ne sais pas. Mais un seul point m'intéresse : comment peut-il boire ?

– Il ne peut pas ! Nous gardons la fontaine toutes les nuits. L'eau arrive directement dans le bassin et va ensuite jusqu'à la cuisine de la maison dans un tuyau sous terre.

L'inconnu s'approche de la fontaine et l'examine. Il ramasse un fétu de paille et se penche vers l'eau. Puis il regarde autour de lui et se met à rire.

– Quoi ? dit le père. Vous l'avez vu ?

L'étranger se dirige vers la maison. Le père Goussot, ses fils et la mère le suivent. L'aubergiste et les gens de l'auberge sont aussi là. Ils attendent tous l'extraordinaire révélation.

– L'homme a bu l'eau du bassin avec ceci, dit l'inconnu.

Il montre le fétu de paille. Il s'agit en réalité de trois fétus de paille mis bout à bout.

– C'est la preuve.

– Mais la preuve de quoi ? demande le père Goussot énervé.

L'inconnu attrape alors un petit fusil chargé avec des plombs.

– Quelques grains dans les fesses suffiront.

Il parle alors avec autorité au père Goussot :

– Je ne veux pas livrer le pauvre homme à la police. Quatre semaines de peur sans manger sont déjà une punition. Promettez-moi de le laisser partir quand nous le trouverons.

– S'il rend l'argent, d'accord !

L'inconnu se place devant la maison. Il pointe la carabine et tire dans la direction du cerisier au-dessus de la fontaine. Un cri retentit. L'épouvantail installé depuis un mois sur la branche tombe sur le sol, se lève et s'enfuit !

Les fils lui courent après et l'attrapent facilement. Mais l'inconnu le défend :

– Ne le touchez pas. Cet homme m'appartient !

Le père Traînard a une drôle d'allure dans ses habits d'épouvantail. L'étranger lui dégage la tête. On voit alors une barbe grise, une tête maigre et des yeux pleins de fièvre. Tous rient fort.

– L'argent ! ordonne le fermier.

Mais l'étranger retient le père Goussot :

– Attendez, il va vous le rendre.

L'étranger défait alors petit à petit l'habit de l'homme :

– Eh bien ! Tu as une sacrée allure ! Tu as mis ces habits la première nuit ? Ce n'est pas bête ! Mais tu devais être mal, accroché à cette branche. Tu as eu peur sans doute. Tu trouvais les fétus de paille dans tes habits, tu les assemblais et tu pouvais atteindre l'eau du bassin et boire ! Bravo père Traînard ! Mais tu sens mauvais. Un mois sans te laver ! Tenez, je vous le laisse. Je dois me laver les mains dans la fontaine.

Le père Goussot et ses fils attrapent vivement l'homme.

– Allez, donne les six billets. Donne !

– Quels billets ?

Énervés, ils renversent l'homme et le fouillent. Mais il n'a pas l'argent.

– Où tu l'as caché ? dit le père Goussot. Il y a des témoins ici, les gens du village et ce monsieur...

Le père Goussot se retourne pour montrer l'inconnu. Mais il n'est plus là.

– Il est parti se promener vers les vergers, dit un homme.

Le père Goussot est rassuré. Cet homme va les aider à retrouver l'argent. Sauf si... Tous pensent alors la même chose au même moment : la panne de sa voiture n'est peut-être pas un hasard ?

– Il est fort, dit l'aubergiste. Il a pris l'argent dans la poche du père Traînard sous nos yeux !

– Il ne peut pas sortir du domaine de toute façon, dit Goussot. La porte est fermée et la clé est dans ma poche.

Il met sa main dans la poche.

– Oh non, il me l'a prise quand je lui ai montrée !

Il se précipite avec ses fils vers la porte. À mi-chemin, ils entendent le bruit d'une voiture. C'est la voiture de l'inconnu ! Son chauffeur l'attendait derrière la petite porte. Quand ils arrivent à la porte, ils voient écrit dessus : « Arsène Lupin ».

Il n'y a pas de preuves contre le père Traînard qui fait juste quelques mois de prison. À sa sortie, il apprend que tous les trois mois, il trouvera trois louis d'or sous une pierre.

Pour le père Traînard, c'est la fortune.

9 LE MARIAGE D'ARSÈNE LUPIN

Monsieur Arsène Lupin a l'honneur de vous faire part de son mariage avec Mademoiselle Angélique de Sarzeau-Vendôme, princesse de Condé, et vous prie de...

Le duc Jean de Sarzeau-Vendôme ne peut pas continuer la lecture de la lettre. Il tremble et il a du mal à respirer.

– Nos amis ont reçu cette lettre, dit-il à sa fille. Tout Paris est au courant. Que pensez-vous de cette infamie[39] ?

Angélique est une jeune femme de trente-trois ans, longue et maigre comme son père. Toujours habillée de laine noire, elle est timide et effacée. Sa tête est trop petite, mais ses yeux sont beaux, tendres et graves.

Elle rougit, puis répond :

– C'est une plaisanterie. N'y pensez plus !

À ce moment-là, Hyacinthe, le valet de chambre[40], prévient le duc d'un appel téléphonique. Le duc prend le téléphone et entend une voix qui lui dit :

– Je vous dois des excuses. Tout est de la faute de mon secrétaire. Il a envoyé les lettres trop tôt.

– Mais Monsieur, qui êtes-vous ?

– Je suis votre futur gendre, Arsène Lupin.

Le duc tombe sur une chaise. Angélique sourit. C'est une plaisanterie ! À ce moment, Hyacinthe annonce deux journalistes qui veulent parler au duc.

– Mettez-les dehors ! s'énerve le duc.

---

39. Une infamie : une action contre la réputation d'une personne.
40. Un valet de chambre : une personne qui s'occupe des appartements et des habits pour une autre.

Le lendemain, un journal publie une interview d'Arsène Lupin : « *Je tiens à vous présenter mes excuses pour l'envoi de ces lettres. La date de notre mariage n'est pas fixée. Mon futur beau-père propose le début de mai. Mais ma fiancée et moi trouvons cela bien tard !* »

L'affaire ébranle le duc. Il est le descendant de la plus noble famille de Bretagne. Il est connu pour son orgueil[41] et ses principes.

– Pourquoi n'es-tu pas déjà mariée ? dit-il à sa fille. Tes cousins Mussy, Emboise et Caorches sont de bonnes familles. Pourquoi tu les refuses ? Tu es trop sentimentale.

Angélique est en effet une rêveuse. Elle lit des romans et voit la vie comme un conte de fée. Et puis, ses trois cousins n'ont pas d'allure et pas d'élégance. Surtout, ils veulent l'argent qu'elle a hérité à la mort de sa mère.

Trois jours de suite, Angélique reçoit un merveilleux bouquet de fleurs de la part d'Arsène Lupin. Et, chaque matin, un article de journal raconte les inventions de Lupin : prendre le nom de Lupin de Sarzeau-Vendôme après son mariage, appeler son futur fils Arsène de Bourbon-Condé, fixer la date du mariage au 4 mai...

Le duc va se plaindre à la police. Le préfet lui conseille de ne pas tomber dans le piège de Lupin.

– Mais lequel ?

– Seul Lupin le sait ! Rentrez chez vous et restez tranquille.

La vie du duc devient insupportable. Il s'enferme chez lui, ne reçoit plus ses amis, renvoie son cocher[42] et son maître d'hôtel[43]. Angélique essaye de le rassurer : Lupin ne peut

---

41. L'orgueil : la fierté, le fait de se sentir important.
42. Un cocher : une personne qui conduit une voiture à cheval.
43. Un maître d'hôtel : une personne qui s'occupe des repas de la maison.

pas la contraindre à l'épouser. Le duc craint maintenant un enlèvement* ou un cambriolage.

Un après-midi, un journal annonce que la signature du contrat de mariage a lieu le jour même. Le duc ne tient plus. Il fait venir les trois cousins d'Angélique et leur demande de l'aide pour préparer son départ en Bretagne avec Angélique. Emboise doit venir les chercher le soir avec sa voiture.

Après le dîner, le duc demande à Hyacinthe de préparer ses affaires. À dix heures moins dix, il entend la voiture d'Emboise et sort de sa chambre. Là, deux hommes masqués lui sautent dessus, et le ligotent.

– Premier avertissement, monsieur le duc, dit l'un d'eux. Si vous quittez Paris et refusez le mariage, ce sera plus grave.

Puis, l'homme va trouver Angélique. Ses complices ont attaché la jeune fille qui est évanouie dans un fauteuil. L'homme la réveille. Elle découvre alors un jeune homme en tenue de soirée, avec un visage souriant et sympathique :

– Je vous demande pardon pour cette façon d'agir.

Il lui prend la main et passe un large anneau d'or au doigt de la jeune fille :

– Nous sommes fiancés maintenant. Ne m'oubliez pas et faites-moi confiance.

La voix de l'homme est grave et respectueuse. Angélique n'a pas la force de protester.

– Vous avez de beaux yeux purs. Ce sera bon de vivre sous leur regard. Fermez-les maintenant, ajoute-t-il.

Puis, il quitte la maison du duc avec ses hommes, sans oublier d'emporter des objets de grande valeur.

La semaine suivante, le duc et sa fille partent s'installer dans le château de famille en Bretagne. Les trois cousins les rejoignent. Le duc organise avec les paysans de la région la défense du château. Il n'a pas la force de lutter contre Lupin et demande à sa fille d'épouser un de ses cousins dans le mois qui vient. Angélique pleure et supplie son père. Mais il reste inflexible[44].

– Choisissez pour moi, dit-elle alors. Je ne les aime pas. Qu'importe avec lequel je serai malheureuse.

Le duc choisit Emboise pour sa fortune et fait annoncer le mariage. Mais le duc a peur : Lupin va sûrement s'opposer au mariage. Pourtant, le mariage a bien lieu à la mairie et à l'église. Angélique est malheureuse et Emboise est un peu gêné de la situation. Mais le duc ne craint plus rien. Il ouvre les portes de son château et distribue du vin aux paysans après le déjeuner.

À trois heures, le duc va faire sa sieste. Il trouve son neveu, Emboise, dans la salle des gardes. Le jeune homme porte des vêtements de pêcheur trop grands pour lui. Le duc est étonné. Est-ce bien Emboise ? Il regarde longuement le jeune homme. Il connaît en effet ce visage. Il s'approche d'une fenêtre et appelle sa fille :

– Angélique, où est ton mari ?

– Il est là, avec moi, répond la jeune fille.

Le duc tombe dans un fauteuil. Devient-il fou ? L'homme avec les habits de pêcheur s'agenouille devant lui.

– Regardez-moi, mon oncle. C'est moi, votre neveu. Vous reconnaissez cette cicatrice, n'est-ce pas ?

– Oui, bien sûr, je te reconnais Emboise. Mais qui est l'autre, l'homme qui est avec Angélique ? Explique-toi.

– Souvenez-vous : il y a quinze ans, après le refus d'Angélique de m'épouser, je quitte la France. Il y a quatre

44. Rester inflexible : ne pas changer d'avis.

ans, je fais la connaissance du compte d'Andrésy en Algérie. C'est un homme avec beaucoup de charme et de courage. Nous passons six semaines ensemble. Puis, il y a trois mois, deux hommes m'enlèvent et m'enferment dans la cabine d'un bateau. Nous naviguons pendant des semaines. Je ne vois jamais mes kidnappeurs. On me donne à manger par une petite ouverture. Je réussis cependant à limer[45] petit à petit les barreaux du hublot. J'attends le bon moment pour m'enfuir. Avant-hier, je reconnais avec stupéfaction votre château par le hublot ! Avant de quitter le bateau, je découvre des lettres. Je les lis et je comprends enfin la raison de mon enlèvement !

– Continue !, dit le duc.

– En Algérie, j'ai raconté toute ma vie au comte d'Andrésy. Il sait aussi que je n'ai plus de contact avec ma famille. Alors, il s'est fait passer pour moi à Paris. Depuis des mois, c'est lui qui vient chez vous !

Le duc comprend avec horreur : l'autre Emboise est Lupin et, ce matin, Lupin a épousé sa fille !

– Mais pourquoi a-t-il choisi d'être Emboise ? demande le duc.

– C'est vous qui avez choisi, pas lui ! Hyacinthe vous a influencé en faveur d'Emboise. Lupin, dans la peau d'Emboise, a promis à Hyacinthe cent mille francs en échange.

– Mais pourquoi fait-il cela ?

– Pour la fortune d'Angélique. Votre notaire doit la lui remettre la semaine prochaine. Ensuite Lupin disparaîtra avec. Ce matin, vous lui avez aussi offert en cadeau cinq cent mille francs. Il va les donner ce soir à un complice près du Grand-Chêne.

---

45. Limer : scier, couper.

Le duc veut prévenir la police. Mais Emboise le lui déconseille pour éviter le scandale.

– Nous pouvons nous occuper nous-même de cette affaire et tuer Lupin. Si Lupin meurt, Angélique reste officiellement la femme d'Emboise, c'est-à-dire ma femme. Nous pourrons divorcer et je retournerai en Algérie. À neuf heures ce soir, Lupin prendra le chemin de ronde pour aller au Grand-Chêne. J'y serai.

– J'y serai aussi, dit le duc.

Le duc cache Emboise dans sa chambre. L'après-midi et le dîner se passent sans incident. À huit heures, le duc rejoint Emboise. Puis les deux hommes quittent le château avec des fusils.

Alors qu'Angélique et son mari se dirigent vers leur appartement au rez-de-chaussée d'une tour, Lupin annonce qu'il va se promener. Il monte au premier étage puis ouvre une fenêtre. Il siffle et un coup de sifflet lui répond. Il fait descendre une grosse serviette de cuir avec une ficelle à son complice. Dessus, il a accroché une lettre :

« Heureux de te voir là. Il est dangereux de sortir du château avec l'argent. Dis aux camarades que je les rejoins au Grand-Chêne. Ici tout va bien, personne n'a de soupçons. A. L. »*

Il redescend et trouve Angélique qui sort de son appartement. Elle lui dit :

– Écoutez, vous...

Puis, elle disparaît.

– Pauvre Angélique, le mariage la rend malade !, pense-t-il

Lupin quitte le château et se dirige vers le chemin du Grand-Chêne. Soudain, il entend un bruit. Une pierre dégringole devant lui. Mais il n'a peur de rien. La pluie commence à tomber et bientôt une horloge sonne neuf heures.

À ce moment-là, une main saisit la sienne. C'est Angélique.

– Pas un mot, dit-elle. Ils sont là dans les ruines. Vite, retournons au château.

Ils se mettent à courir et retrouvent le plus vite possible leur appartement. Aussitôt après, on frappe à la porte d'entrée :

– Angélique ? C'est ton père, ton mari est ici ? J'ai besoin de lui parler, c'est urgent, je l'attends chez moi.

Angélique rejoint son mari dans la chambre :

– Il est encore derrière la porte. Son neveu, Jacques d'Emboise est avec lui.

Lupin la regarde. Il ne comprend pas le comportement de sa femme. Il rit de la situation.

– Mon histoire n'est donc plus secrète...

– Mon père sait tout. Son neveu a vos lettres. J'ai hésité à vous prévenir tout à l'heure et puis mon devoir...

Lupin réagit encore par le rire :

– Mes amis du bateau ne brûlent pas mes lettres et laissent échapper leur prisonnier ? Les imbéciles !

Il se mouille le visage et arrange sa coiffure. Angélique reconnaît le visage du cambrioleur de Paris. Lupin veut quitter la pièce, mais elle l'en empêche.

– Ils vont vous tuer !

– Cela semble normal, dit-il.

Elle le conduit dans sa chambre et pousse une armoire. Derrière, il y a une porte.

– Mon père croit la clé perdue, mais la voici. Ouvrez la porte et prenez l'escalier. Il conduit en bas de la tour. Vous serez libre.

Lupin est stupéfait. Il ne rit plus. Il éprouve du respect devant le visage si doux d'Angélique.

– Pourquoi me sauvez-vous ?

– Vous êtes mon mari. C'est vous que j'ai épousé devant l'Église.

Angélique le regarde sans colère ni mépris. Elle prend la situation très au sérieux. Il s'approche d'elle et l'observe profondément. Elle rougit.

– Vos yeux sont si calmes et si tristes, mais si beaux, dit-il.

Elle baisse la tête et répond :

– Allez-vous-en !

– Je vous demande pardon. J'ai gâché votre vie.

– Non. Vous m'avez indiqué ma voix véritable.

Elle ouvre la porte et lui montre le chemin. Sans dire un mot, Lupin s'incline devant elle et sort.

Un mois plus tard, Angélique prend le voile[46] sous le nom de sœur Marie-Auguste et entre au couvent des dominicaines. Le jour de la cérémonie, la mère supérieure reçoit une lourde enveloppe. Elle contient cinq cents billets de mille francs.

---

46. Prendre le voile : devenir religieuse.

VOCABULAIRE

Policiers et voleurs

Une accusation : action de présenter une personne comme responsable d'un fait (vol ou crime, par exemple).

Arrêter (quelqu'un) : attraper une personne qu'on accuse d'un vol, d'un crime.

Un assassin : une personne qui tue volontairement une autre personne. (Voir aussi *meurtrier*)

Un cambriolage : action de prendre dans une maison des biens qui ne vous appartiennent pas en entrant avec violence.

Un cambrioleur : un voleur ; une personne qui commet un cambriolage.

Un commissaire : la personne qui dirige une enquête.

Un commissariat : le bureau des policiers.

Un complice : la personne qui participe à un vol ou à un crime fait par un autre.

Un détective : la personne qui mène l'enquête pour des particuliers et n'appartient pas à la police (n'est pas un policier).

Un enlèvement : enlever (prendre) quelqu'un par la force.

Une enquête : les recherches faites pour trouver l'auteur d'un vol, d'un meurtre...

Un gendarme : un militaire responsable de la sécurité des citoyens.

Un indice : un signe qui permet de trouver l'explication d'un problème.

Un inspecteur (de police) : un policier qui mène une enquête.

Un juge / un juge d'instruction : la personne qui rend la justice et déclare une personne coupable ou non.

Un meurtre : action de tuer quelqu'un.

Un meurtrier : une personne qui tue une autre personne. (Voir aussi *assassin*)

Monter la garde : surveiller.
Un pickpocket : une personne qui vole des objets dans la poche d'une autre ; vient de l'anglais.
Une pièce à conviction : un élément qui prouve la responsabilité de l'auteur d'un vol ou d'un crime.
Une preuve : un élément qui permet de montrer qu'un fait est vrai.
Résoudre une affaire : trouver la solution d'un vol ou d'un crime.
Un soupçon : la pensée qu'une personne a fait quelque chose de mal.
Suivre une trace : utiliser des indices (des signes) pour faire des recherches.
Une victime : une personne que l'on tue ou que l'on vole.
Un voleur : une personne qui prend quelque chose à quelqu'un sans son accord (*un vol*).

QUESTIONS POUR COMPRENDRE

Les jeux du soleil

1. Pourquoi monsieur Lavernoux transmet un message avec des fautes d'orthographe à son ami ?
2. Pourquoi Lupin ne prend pas l'argent et les bijoux dans le coffre du baron ?

L'anneau nuptial

1. Comment Lupin sait qu'Yvonne d'Origny est en danger ?
2. Comment Lupin trompe le comte ?

Le signe de l'ombre

1. Qui se retrouve le 15 avril dans le jardin ?
2. Que signifie l'inscription « 15-4-2 », en bas à gauche des tableaux ?

Le piège infernal

1. Comment madame Dugrival et son neveu comprennent que c'est Lupin qui a volé le portefeuille ?

2. Pourquoi Gabriel sauve Lupin ?

L'écharpe de soie rouge

1. Pourquoi Lupin donne l'affaire au commissaire ?

2. En qui Lupin est-il déguisé le 28 décembre au dernier étage de la maison ?

La mort qui rôde

1. Qu'est-ce qui stoppe la balle de revolver qui devait tuer Lupin ?

2. Que se passe-t-il pour monsieur Darcieux si Jeanne meurt avant ses 21 ans ?

Édith au Cou de Cygne

1. Quel est le rapport entre le corps de la morgue de Lille et celui du tunnel ?

2. Comment Lupin sait que la police va venir dans la maison ?

Le fétu de paille

1. Où est caché le père Traînard pendant toute l'histoire ?

2. À quoi sert le fétu de paille ?

Le mariage d'Arsène Lupin

1. Quelle solution trouve le duc pour éviter le mariage de sa fille avec Lupin ?

2. Qui prévient Lupin de la présence du duc et d'Emboise dans les ruines ?

SOLUTIONS

Les jeux du soleil

1. Les fautes correspondent au code du coffre-fort : ETNA.

2. Le corps de la baronne se trouve aussi dans le coffre. L'odeur est horrible.

L'anneau nuptial

1. Il reçoit la carte de visite qu'il lui a donnée il y a quelques années. Elle devait lui envoyer pour le prévenir en cas de danger.

2. Il se déguise en bijoutier, coupe la bague avec son nom et donne au comte une autre bague avec la date du mariage.

Le signe de l'ombre

1. Les héritiers du fermier général Louis-Agrippa.

2. Le 15 avril à deux heures.

Le piège infernal

1. Lupin leur fait porter les billets de banque qui ont les mêmes numéros que les billets qui étaient dans le portefeuille.

2. Gabriel est en réalité une jeune femme qui est tombée amoureuse de Lupin.

L'écharpe de soie rouge

1. Il veut récupérer le morceau d'écharpe qui est au cou de la victime.

2. En peintre.

La mort qui rôde

1. Le portefeuille de Lupin.

2. Il hérite de sa fortune.

Édith au Cou de Cygne

1. C'est la même personne.

2. De la chambre de Sonia Krichnoff, il entend la conversation téléphonique entre Ganimard et son chef.

Le fétu de paille

1. Il est dans le cerisier, déguisé en épouvantail.

2. Il sert au père Traînard pour boire.

Le mariage d'Arsène Lupin

1. Il la marie avec un de ses cousins.

2. C'est Angélique.